BEI GRIN MACHT SICH IHR WISSEN BEZAHLT

- Wir veröffentlichen Ihre Hausarbeit, Bachelor- und Masterarbeit

- Ihr eigenes eBook und Buch - weltweit in allen wichtigen Shops

- Verdienen Sie an jedem Verkauf

Jetzt bei www.GRIN.com hochladen und kostenlos publizieren

Marina Ehrngruber

Der Kampf der Wiener Sozialdemokraten gegen Tuberkulosemorbidität und -mortalität

GRIN Verlag

Bibliografische Information der Deutschen Nationalbibliothek:

Die Deutsche Bibliothek verzeichnet diese Publikation in der Deutschen Nationalbibliografie; detaillierte bibliografische Daten sind im Internet über http://dnb.d-nb.de/ abrufbar.

Dieses Werk sowie alle darin enthaltenen einzelnen Beiträge und Abbildungen sind urheberrechtlich geschützt. Jede Verwertung, die nicht ausdrücklich vom Urheberrechtsschutz zugelassen ist, bedarf der vorherigen Zustimmung des Verlages. Das gilt insbesondere für Vervielfältigungen, Bearbeitungen, Übersetzungen, Mikroverfilmungen, Auswertungen durch Datenbanken und für die Einspeicherung und Verarbeitung in elektronische Systeme. Alle Rechte, auch die des auszugsweisen Nachdrucks, der fotomechanischen Wiedergabe (einschließlich Mikrokopie) sowie der Auswertung durch Datenbanken oder ähnliche Einrichtungen, vorbehalten.

Impressum:

Copyright © 2012 GRIN Verlag GmbH
Druck und Bindung: Books on Demand GmbH, Norderstedt Germany
ISBN: 978-3-656-38029-0

Dieses Buch bei GRIN:

http://www.grin.com/de/e-book/209880/der-kampf-der-wiener-sozialdemokraten-gegen-tuberkulosemorbiditaet-und

GRIN - Your knowledge has value

Der GRIN Verlag publiziert seit 1998 wissenschaftliche Arbeiten von Studenten, Hochschullehrern und anderen Akademikern als eBook und gedrucktes Buch. Die Verlagswebsite www.grin.com ist die ideale Plattform zur Veröffentlichung von Hausarbeiten, Abschlussarbeiten, wissenschaftlichen Aufsätzen, Dissertationen und Fachbüchern.

Besuchen Sie uns im Internet:

http://www.grin.com/

http://www.facebook.com/grincom

http://www.twitter.com/grin_com

Inhaltsverzeichnis

1. Einleitung..2
2. Die „Wiener Krankheit" 3
   2.1. Die große Krise nach dem Ersten Weltkrieg...3
   2.2. Das Wohnelend der unteren Schichten in Wien bis 1919...........................4
   2.3. Die Entwicklung der Tuberkulosemortalität in Wien von 1870-1919........8
3. Die Wohnbaupolitik des sozialdemokratischen Wiens von 1919-1934...........10
   3.1. Die Voraussetzungen für den kommunalen Wohnbau..............................10
   3.2. Das Wohnbauprogramm des Roten Wien bis 1934...................................12
   3.3. Die Entwicklung der Tuberkulosemortalität in Wien von 1919-1934......15
4. Resümee Gesundes Wohnen = gesunder Mensch?..17

Tabellenverzeichnis..19
Abbildungsverzeichnis..20
Literaturverzeichnis..22
Internetquellen..23

1. Einleitung

> *"... in Wirklichkeit ist sie [die Tuberkulose] die Krankheit der Armen. Der Bazillus findet den günstigen Nährboden in den kleinen, dicht gedrängten Arbeiterwohnungen, in die sich kein Sonnenstrahl verirrt.*[1]

Während der Zeit der Ersten Republik führten die Wiener Sozialdemokraten ein hochmodernes Fürsorge- und Gesundheitssystem ein. Das „Rote Wien" besann sich auf drei Eckpfeiler zur Bekämpfung der Tuberkulose: dem Ausbau des Fürsorgenetzwerks, der Errichtung von Sanatorien für Lungenkranke, sowie dem kommunalen Wohnbauprogramm.

Die vorliegende Arbeit beschäftigt sich im ersten Abschnitt mit Tuberkulose, der sogenannten „Wiener Krankheit".[2] Die große Krise nach dem Ersten Weltkrieg und die sozialen Faktoren, welche das Auftreten neuer Tuberkuloseerkrankungen begünstigten, werden aufgezeigt. In Erster Linie werden die schlechten Wohnbedingungen der Arbeiterklasse in Wien vor der Ersten Republik ausgearbeitet. Die Wohnverhältnisse setzen sich mit der Verbreitung der Krankheit in den ärmeren Klassen, bedingt durch die Wohnungsknappheit, dem schlechtem Zustand der damaligen Behausungen und deren Überbelegungen durch Bettgeherinnen und Schlafburschen, auseinander. Ebenso wird die Entwicklung der Tuberkulosemortalität in Wien in der Zeit zwischen 1870 und 1910 aufgezeigt und analysiert.

Den zweiten Teil bildet das Sozialdemokratische Wien, in der Zeit der Ersten Republik. Die Voraussetzungen unter denen die kommunalen Wohnbauprogramme unter dem „Roten Wien" gestartet werden konnten, werden ebenso erläutert, wie die Wohnraumschaffung selbst. Die Entwicklung der Tuberkulosemortalität in Wien von 1919 bis 1934 wird daraufhin ausgewertet und kritisch hinterfragt.

---

[1] JUNKER, Ermar; SCHMIDGRUBER, Beatrix; WALLNER, Gerhard: Die Tuberkulose in Wien, Wien 1999, S. 63f.
[2] Tuberkulose wurde auch oft als Abzehrung, Auszehrung, Lungenschwindsucht, Skrofulose bei Kindern, fressende Flechte (Lupus), Knochenfraß (Caries), usw. bezeichnet. Erst Robert Koch konnte 1882 nachweisen, dass die Tuberkelbakterien alle vom selben Erreger stammen. Vgl. WINKLE, Stefan: Geißeln der Menschheit, Kulturgeschichte der Seuchen, 3. Auflage, Düsseldorf 2005, S. 86.

Den Abschluss bildet ein Resümee, welches die Frage beantworten soll, inwiefern die Parole des „Roten Wiens" „*Gesundes Wohnen = gesunder Mensch*" gehalten werden konnte. Haben sich die Wohnungsnot, die Wohnverhältnisse, die Hygiene und in diesem Zusammenhang auch die Tuberkuloseerkrankungen während der Ersten Republik in Wien durch die Arbeit der Sozialdemokraten verbessert?

2. Die „Wiener Krankheit"

Die „Wiener Krankheit", die auch als „Morbus Viennesis"[3] bezeichnet wurde, war die Krankheit des ausgehenden 18. Jahrhunderts und füllte die Todeslisten. Trotz der hohen Todeszahlen blieben staatliche Maßnahmen zur Bekämpfung der Tuberkulose zögerlich. Eine rege Seuchenpolitik wurde nur bei jenen Krankheiten betrieben, die rasch und schnell große Zahlen der Bevölkerung dahinraffte, wie etwa bei Cholera, Pest oder den Pocken.[4] Das Folgenschwere an der „weißen Pest" ist die schleichende Infektion ganzer Landstriche. Tuberkulose wird durch Tröpfcheninfektion verbreitet und greift oft immunschwache Personen an. Der erste Krankheitsschub verläuft selten tödlich, sondern führt meist erst nach jahrelangem Siechtum zum Tode.[5] Tuberkulose gehört zu jenen Ansteckungskrankheiten, deren Verbreitung vor allem an die Wohn-, Lebens- und Arbeitsbedingungen der Menschen gebunden ist.

2.1. Die große Krise nach dem Ersten Weltkrieg

Mit dem Ende des Ersten Weltkrieges zerbrach auch die österreich-ungarische Monarchie. Lebten vorher rund 56 Mio. Menschen in der Monarchie, schrumpfte das übriggebliebene Österreich auf ca. 6,5 Mio. Einwohner. Über 2 Mio. davon lebten in der Hauptstadt Wien, weshalb man die Stadt auch höhnisch als „Wasserkopf" Österreichs bezeichnete. Nach dem Ende des Ersten Weltkrieges stand Wien vor zahlreichen Problemen. Durch den Verlust der Kronländer kam es zu Nahrungsmittelengpässen und billige Rohstoffe konnten nun ebenfalls nicht mehr nach Österreich eingeführt werden. Das Verkehrswesen war desolat durch die Zerstörungen des Krieges. Weiters kam es zu Versorgungsschwierigkeiten, einer hohen Inflation, einer stagnierenden Produktion und zuletzt mündete dies in einer hohen Arbeitslo-

---

[3] Vgl. DIETRICH-DAUM, Elisabeth: Die Wiener Krankheit. Eine Sozialgeschichte der Tuberkulose in Österreich, Wien/München 2007, S. 16.
[4] Vgl. Ebd., S. 17.
[5] Vgl. WINKLE, Stefan: Geißeln der Menschheit, Kulturgeschichte der Seuchen, 3. Auflage, Düsseldorf 2005, S. 83.

sigkeit.⁶ Die schlechten Wohnverhältnisse und die Wohnungsnot war bereits vor dem Ersten Weltkrieg akut, wurde aber durch die Verwüstungen des Krieges weiter verschärft. In Wien gestaltete sich die Wohnungsnot dramatisch. Erstens stieg die Zahl älterer Menschen, die eine Wohnung benötigten. Zweitens kam es nach dem Krieg zu einem sprunghaften Anstieg von Eheschließungen und Zuwanderern, die ebenfalls einen neuen Haushalt gründeten. Drittens nahm die Zahl der Büroflächen in dieser Zeit stark zu, was sich ebenfalls dramatisch auf den Wohnungsmarkt auswirkte.⁷ So wurden trotz leicht fallender Einwohnerzahlen - im Widerspruch - mehr Wohnungen benötigt.

2.2. Das Wohnelend der unteren Schichten in Wien bis 1919

Wien war für sein Wohnelend in ganz Europa berühmt und berüchtigt, denn nirgendwo sonst lebten die Einwohner einer Stadt so teuer und so schlecht wie in Wien.⁸ Die elenden Wohnverhältnisse der Wiener Arbeiterschicht stammen vor allem aus der liberal-kapitalistischen Phase der Gründerzeit und deren Bauspekulationen. Der Bau und die Erhaltung von Wohnungen, waren rein auf privatkapitalistisches Interesse ausgerichtet. Es war nur wichtig, kurzfristig einen höchstmöglichen Profit zu erzielen, wodurch der Wohnwert und die Qualität des Wohnens äußerst niedrig waren.⁹

Die allgemeingültige Wohnform der Arbeiterschicht in Wien war das sogenannte „Bassenahaus" (siehe Abb. 1 im Anhang). Namensgebend für diese Form des Wohnens, war die Bassena, ein öffentlicher Wasseranschluss, der sich am Gang eines jeden Stockwerks befand. Die Mieter versorgten sich an der Bassena mit Frischwasser, da sich in den Wohnungen selbst kein Wasseranschluss befand.¹⁰

Der Grundriss des „Bassenahauses" war ein mehrstöckiges Gebäude. Es besaß meist nur ein Stiegenhaus, von dem aus man durch einen schmalen Gang alle Wohnungen betreten konnte. Die Wohnungen des „Bassenahauses" waren meist Kleinwohnungen mit einem Zimmer, einem Kabinett – was einem halben Raum

---

⁶ Vgl. WEIHSMANN, Helmut: Das Rote Wien. Sozialdemokratische Architektur und Kommunalpolitik 1919-1934, 2. Auflage, Wien 2002, S. 18.
⁷ Vgl. Ebd., S. 18f.
⁸ Vgl. HAUTMANN, Hans; HAUTMANN Rudolf: Die Gemeindebauten des Roten Wien 1919-1934, Wien 1980, S. 98.
⁹ Vgl. WEIHSMANN: Das Rote Wien, S. 19.
¹⁰ Vgl. „Bassenahaus" unter http://www.wasserwerk.at/home/alles-ueber-wasser/glossar/B [27.04.2012]

entsprach – und einer Küche.[11] Die Küchen besaßen nur ein Fenster das in den Gang oder in einen kleinen Lichthof mündete, was eine direkte Belüftung ausschloss. Weiters waren viele Zimmer fensterlos oder sie mündeten ebenfalls nur in einen kleinen Lichtschacht.[12]

Die sogenannten „Lichthöfe" waren meist nur 12m² groß, wodurch in die unteren Stockwerke so gut wie kein direktes Sonnenlicht einfallen konnte. Zudem wurden oft Essensabfälle in die Lichtschächte geworfen, was zu üblem Gestank und zu einer potentiellen Brutstätte für Seuchen wurde.[13] Die Belüftungs- und Belichtungsverhältnisse waren deshalb so spärlich, da die Bauherren den Grund und Boden höchstmöglich nutzen wollten. Der Verbauungsgrad der Arbeiterwohnhäuser betrug meist 70%, aber auch 80% und noch höhere Verbauungen waren keine Seltenheit.[14]

Auch für damalige Verhältnisse waren die Wiener Wohnbauten katastrophal. 92% der Wohnungen besaßen keine eigene Toilette, die Aborte befanden sich außerhalb der Wohnungen am Gang.[15] In rund 95% der Behausungen fand sich kein eigener Wasseranschluss. 86% der Behausungen besaßen keinen Gasanschluss und Elektrizität fand sich nur in ca. 7% der Mietshäuser.[16]

Die hohen Mieten waren ein weiterer Grund, warum sich das Wohnungselend der Unterschicht immer weiter verschärfte. Die Maxime in jener Zeit war: Je kleiner und schlechter die Behausung, desto höher war im Vergleich ihr eigentlicher Gebrauchswert. Im Gegensatz zu den Großwohnungen des Bürgertums, wiesen die kleinen Wohnungen eine viel höhere Miete pro Quadratmeter auf. Des Weiteren mussten die Arbeiter, im Verhältnis zu ihrem Einkommen, einen viel höheren Mietzins bezahlen, als die Bourgeoise, die in großen Wohnungen lebten. Mindestens ein Fünftel, bis zu einem Viertel des Monatslohns, bezahlte die Unterschicht für ihre Behausungen. Diese hohen Mieten konnten so oft nur durch die Aufnahme von

---

[11] Eine Küche wurde nie als eigener Raum gezählt.
[12] Vgl. HAUTMANN; HAUTMANN: Die Gemeindebauten des Roten Wien 1919-1934, S. 100f.
[13] Vgl. WEIHSMANN: Das Rote Wien, S. 22.
[14] Vgl. HAUTMANN; HAUTMANN: Die Gemeindebauten des Roten Wien 1919-1934, S. 100f.
[15] Vgl. Ebd., S. 101.
[16] Vgl. BAUER, Lilli; BAUER, Werner T.: Von Bettgehern und Untermietern, In: QUER-Magazin, Nr.1-2011, Wien 2011, auch Online unter: http://www.quer-magazin.at/home/02-2011/38 [27.04.2012]

BettgeherInnen, Schlafburschen und Untermietern bewerkstelligt werden.[17] Den Untermietern wurde vom Hauptmieter meist ein Kabinett zur Verfügung gestellt. Als Untermieter durfte man sich auch tagsüber in der Wohnung aufhalten. BettgeherInnen und Schlafburschen hingegen mussten die Wohnung früh am Morgen verlassen und durften sie erst am Abend wieder betreten. Als BettgeherIn oder Schlafbursche hatte man nur Anrecht auf eine Schlafstelle, die man fast immer mit anderen Personen teilte.[18]

Rosa Jochmann, eine Wiener Sozialdemokratin, erzählt von der Zeit:

> *„Mit den Eltern waren wir sechs Personen, dazu noch zwei Bettgeher. Wir hatten Zimmer und Küche. Mutter konnte unsere Wohnung nicht nach den Gesetzen ‚Licht, Luft und Sonne' auswählen, sondern musste immer die billigste Wohnung nehmen. Wenn sie irgendwo von einer billigeren Wohnung hörte, drängte sie zum Übersiedeln, um bei der Miete ein paar Kronen einzusparen."[19]*

Der Nationalökonom Eugen Philoppovich findet folgende Worte für das Wohnungselend:

> *„Man kann Wohnung für Wohnung abschreiten, es fehlt alles, was wir als Grundlage, gesunden, bürgerlichen Lebens zu sehen gewohnt sind. [...] Diese Bewohnungen bieten keine Behaglichkeit und keine Erquickung, sie haben keinen Reiz für den von der Arbeit Abgemühten. Wer in sie hinabgesunken oder hineingeboren wurde, muß körperlich und geistig verkümmern und verwelken oder verwildern."[20]*

Die räumliche Enge, die mindere Wohnqualität, der Frischluftmangel, wenig Sonnenlicht, Feuchtigkeit, Schimmel und schlechte hygienische Bedingungen - all das begünstigte die Entstehung und Verbreitung der Tuberkulose, vor allem dann, wenn ein Tuberkulosekranker mit anderen Personen zusammenwohnte und oft sogar im selben Bett schlief. Um 1900 entfielen auf eine Schlafstelle rund 1,5 Personen, wobei die Definition einer Bettstelle von einem Strohsack bis zu einer Matratze reichte.[21] Die Wohndichte in jener Zeit war somit viel zu hoch und begünstigte die Ansteckung mit der Lungenkrankheit. Dennoch musste man mit jeder Wohnung und jedem Schlafplatz vorlieb nehmen. Die Wiener Unterschicht war ständig der Gefahr der Obdachlosigkeit ausgesetzt, denn leerstehende

---

[17] Vgl. WEIHSMANN: Das Rote Wien, S. 19.
[18] Vgl. JOHN, Michael: Hausherrenmacht und Mieterelend. Wohnverhältnisse und Wohnerfahrung der Unterschichten Wiens 1890-1923, In: Österreichische Texte zur Gesellschaftskritik Nr. 14, Wien 1982, S. 87.
[19] BAUER; BAUER.: Von Bettgehern und Untermietern, http://www.quer-magazin.at/home/02-2011/38 [27.04.2012]
[20] WEIHSMANN: Das Rote Wien, S. 19.
[21] Vgl. DIETRICH-DAUM: Die Wiener Krankheit, S. 161.

Wohnungen gab es so gut wie keine. Im Jahre 1911 waren beispielsweise nur 0,35 Prozent der Wohnungen leerstehend. Ein „normaler" Wert wäre bei etwa 4 Prozent gelegen.[22]

Nachdem Robert Koch 1882 nachweisen konnte, dass die Tuberkulose durch Ansteckung übertragen wurde, veranlasste man hygienische wie gesundheitspolitische Maßnahmen. Die Wiener Bevölkerung musste „erzogen" werden, um zu verhindern, dass sich die Tuberkulose weiter ausbreitete. Merkblätter klärten die Bevölkerung über das „richtige Husten" auf. Weiters musste die bis dahin tolerierte, aber kritisierte Unsitte des „Spuckens", unterbunden werden. Die Menschen, vor allem die städtische Unterschicht, sowie die Landbevölkerung, praktizierten das Ausspucken von Sekreten und Schleim überall. „Wildes Spucken" wurde nur noch auf öffentlichen Straßen erlaubt. Wo es möglich war, wurden Spucknäpfe aufgestellt, wie z.B. in öffentlichen Gebäuden. Spuckgefäße gab es ebenso für den eigenen Haushalt. Diese Spucknäpfe sollten Neuinfektionen verhindern, tatsächlich aber schienen sie ein zusätzlicher Gefahrenherd zu sein, denn die Verunreinigungen rund um die Speibecken waren beträchtlich. Die Gefäße wurden auch nur unzureichend desinfiziert und häufig wurde falsch geputzt und so breitete man den Erreger durch Schmierinfektion weiter aus.[23] Die Tuberkulose erfuhr in dieser Zeit einen Wandel. An die Stelle des „armen" Tuberkulösen" trat nun der „gefährliche Infektiöse".

„Er [der Tuberkulöse] ist unreinlich, weil er nicht ordnungsgemäß in Spucknäpfe, sondern Fußböden oder in Taschentücher spuckt. Auch das Taschentuchspucken gilt als grob unhygienisch, weil es das Vertrocknen und Verstäuben des Sputums fördert. Allerdings hängen dem Tuberkulösen überall Sputumreste an (...) überall hin werden von ihm Bakterien geschmiert, stäuben von ihm Bakterien ab."[24]

1902 veranlasste der damalige Ministerpräsident als Leiter des Ministeriums des Inneren, Dr. Ernest von Koerber folgendes:
Bei Verdacht einer Tuberkuloseerkrankung war eine bakterielle Untersuchung zu gewährleisten. In Krankenhäusern und Anstalten mussten Tuberkulöse von anderen Patienten strikt getrennt werden um eine weitere Ansteckung zu verhindern. Weiters wurde ein generelles Spuckverbot vorgeschrieben. Ebenso gab es eine generelle Anzeigeplicht für Tuberkulöse die die Wohnung wechselten. TBC-Todesfälle wurden wiederholt anzeigepflichtig. Darüber hinaus gab es Anweisungen, wie desinfiziert werden musste und wie man verunreinigte Taschentücher entsorgte.[25]

---

[22] Vgl. HAUTMANN; HAUTMANN: Die Gemeindebauten des Roten Wien 1919-1934, S. 102.
[23] Vgl. DIETRICH-DAUM: Die Wiener Krankheit, S. 86-90.
[24] Ebd., S. 90.
[25] Vgl. Ebd., S. 90.

Diese Belehrungen durch die Obrigkeit scheiterten aber häufig an der Realität, dem Mangel an Wohnraum, Seife und fließendem Wasser.[26] Viele Ärzte kamen der Anzeigepflicht auch nicht nach. Einerseits um Familien mit einem Tuberkulosefall bei einem Umzug die Kosten einer Desinfektion und der sozialen Stigmatisierung zu ersparen. Andererseits wurde bei einer Leichenbeschau häufig die Todesursache Tuberkulose nicht richtig identifiziert.[27]

2.3. Die Entwicklung der Tuberkulosemortalität in Wien von 1870-1919

Die folgende Tabelle soll die Entwicklung der Tuberkulosesterbefälle in Wien zwischen 1870 und 1919 aufzeigen.

Tab 1: Sterblichkeit an Schwindsucht bzw. Tuberkulose in Wien zwischen 1870-1919 auf 10.000 Personen der Bevölkerung

Jahr	auf 10.000 Lebende entfallene TBC-Tote	Jahr	auf 10.000 Lebende entfallene TBC-Tote
1870-1874	76,4	1910	30,0
1875-1879	76,5	1911	34,4
1880-1884	69,4	1912	31,4
1885-1889	58,1	1913	31,0
1890-1894	47,6	1914	29,6
1895	46,6	1915	35,9
1896	48,7	1916	43,8
1900*	43,0	1917	40,6
1902	41,0	1918	39,9
1904	37,0	1919	44,6
1907	34,0		

Quelle: Vgl. DIETRICH-DAUM, Elisabeth: Die „Wiener Krankheit", Eine Sozialgeschichte der Tuberkulose in Österreich, Wien 2005, S. 126 und S. 239
*Die Werte wurden von 1900 bis 1910 in der Quelle gerundet.

Es wird für Europa allgemein angenommen, dass die Zunahme der Tuberkuloseerkrankungen bereits vor dem Höhepunkt der Industrialisierung begann und dass sich die Seuche in der Zeit der Industrialisierung und zunehmenden Urbanisierung weiter ausbreitete, dann aber durch Gesundheits- und Fürsorgemaßnahmen eingedämmt werden konnte.[28] Im Jahr 1902 aber wurde die Tuberkulosemortalität dem Industrialisierungsgrad gegenübergestellt. In den hochentwickelten Industriestaaten konnte die Tuberkulosesterblichkeit zwischen 1870 und 1900 tatsächlich deutlich vermindert werden. In Staaten aber, die wie Österreich stark agrarisch geprägt

---

[26] Vgl. Dietrich-Daum: Die Wiener Krankheit, S. 102.
[27] Vgl. Ebd., S. 96.
[28] Vgl. Ebd., S. 105.

waren, verschlechterte sich die Situation sogar teilweise, stagnierte und besserte sich schlussendlich ab dem Jahre 1880 langsam und stetig.[29]

Bei Säuglingen und Kleinkindern kam es zu einem Rückgang der Tuberkulosefälle ab 1863 durch die Verwendung von pasteurisierter Milch.[30] Vorher konnte durch den Konsum von nicht pasteurisierter Milch das „*Mycobacterium bovis*" – der Auslöser der Rindertuberkulose - auch auf den Menschen übertragen werden.[31] Anfang 1870 wurde in Wien die Hochquellwasserleitung geschaffen und 1891 das Kanalsystem deutlich verbessert. Die Wohnverhältnisse blieben aber weiterhin katastrophal.[32] Um 1900 gab es rund 300.000 Personen ohne eine eigene Wohnung, darunter viele Obdachlose und fast 90.000 BettgeherInnen. Die Wohnsituation in Wien war die schlechteste unter allen europäischen Großstädten.[33]

Bereits 1790 war es für Johann Peter Frank offensichtlich, dass Tuberkulose eine „soziale Krankheit" war. Max Mosse konnte diese Vermutung hundert Jahre später empirisch belegen. Tuberkulose war eine soziale Krankheit, die nur mit sozialpolitischen Maßnahmen verbessert oder gar beseitigt werden konnte. Ab 1880 setzten zahlreiche Untersuchungen der Seuche ein, die notwendig waren, bevor staatliche Maßnahmen und Reformen gemacht werden konnten. Der Großteil der Bevölkerung war infiziert, aber nur bei Armut – also bei geringem Einkommen, mangelhafter Ernährung und schlechten Wohnverhältnisse – brach die Krankheit vorwiegend aus.[34] In den armen Bezirken Wiens war die Sterblichkeit in etwa drei Mal höher als in den reichen Bezirken der Oberschicht.[35]

Ein Ausbruch der Tuberkulosekrankheit führte bei vielen Familien zur weiteren Verschlechterung der Wohnverhältnisse. Wenn jemand erkrankte und daraufhin arbeitslos wurde, war die Familie oft gezwungen in eine billigere, kleinere und schlechtere Behausung umzuziehen, in der die Ansteckungsgefahr sich wiederum vervielfachte.[36]

---

[29] Vgl. DIETRICH-DAUM: Die Wiener Krankheit, S. 129.
[30] Vgl. WEIGL, Andreas: Demographischer Wandel und Modernisierung in Wien, Wien 2000, S. 245.
[31] Vgl. LEDOCHOWSKI, Maximilian: Klinische Ernährungsmedizin, Wien 2010, S. 359.
[32] Vgl. DIETRICH-DAUM: Die Wiener Krankheit, S. 136.
[33] Vgl. Homepage der Stadt Wien:
http://www.wien.gv.at/wohnen/wienerwohnen/geschichte.html#wohnungsnot [24.04.2012]
[34] Vgl. DIETRICH-DAUM: Die Wiener Krankheit, S. 142f.
[35] Vgl. Ebd., S. 146.
[36] Vgl. TELEKY, Ludwig: Tuberkulose und soziale Verhältnisse, In: Das österreichische Sanitätswesen Nr. 30, Wien 1918, S. 70.

Mit dem Ersten Weltkrieg nahmen die bis dahin rückläufigen Tuberkulosetodesfälle wieder zu. Unterernährung, elende Wohnverhältnisse, eine hohe Wohndichte und der Zusammenbruch des öffentlichen Gesundheitswesens begünstigten dies. Weiters wurden während der Kriegsjahre zunehmend Frauen in der industriellen Produktion eingesetzt, da die Männer in den Krieg ziehen mussten. Während es bei den Soldaten durch kriegsbedingte Verluste sogar zu einem Rückgang der Tuberkulosetodesfälle kam,[37] waren die Frauen durch die körperliche Überanstrengung, lange Arbeitszeiten, Staubbelastung und der Arbeit in geschlossenen Räumen der Tuberkulosemorbidität und –mortalität noch häufiger ausgesetzt.[38]

Die Sterberate sank zwar zwischen 1870 und 1919, aber erst im „Roten Wien" besserten sich die Wohn-, Gesundheits- und Fürsorgeverhältnisse gravierend.

Weiters sind die oben angeführten Daten der Tuberkulosesterblichkeit quellenkritisch zu betrachten, denn erst um 1900 wurde die Datenverlässlichkeit und Belegdichte größer.[39]

3. Die Wohnbaupolitik des sozialdemokratischen Wiens von 1919-1934

Von den miserablen Wiener Wohnverhältnissen waren nicht nur Arbeiterfamilien betroffen, sondern auch verarmte Kleinbürger. Von der christlich-sozialen Partei wurde dies teilnahmslos hingenommen. Die Sozialdemokraten erkannten jedoch, dass die Abschaffung der Wohnungsnot zu ihrem politischen Erfolg führen würde und so war es das Ziel des „Roten Wiens" allen Arbeiterfamilien gute und preiswerte Wohnungen anbieten zu können.[40]

3.1. Die Voraussetzungen für den kommunalen Wohnbau

Eine wichtige Voraussetzung für den kommunalen Wohnbau, war die Einführung der Mieterschutzverordnung während des Ersten Weltkrieges im Jahre 1917/1918. Durch die Verordnung sollten die Mieter vor der Willkür der Hausbesitzer durch Kündigungen und Zinserhöhungen geschützt werden. Anfangs war dieser Mieter-

---

[37] Vgl. DIETRICH-DAUM: Die Wiener Krankheit, S. 240.
[38] Vgl. KOELSCH, Franz: Tuberkulose und Beruf, In: Handwörterbuch der sozialen Hygiene, Band 2, Leipzig 1912, S. 651f.
[39] Vgl. DIETRICH-DAUM: Die Wiener Krankheit, S. 121.
[40] Vgl. WEIHSMANN: Das Rote Wien, S. 26.

schutz nur eine temporäre Maßnahme, die aber 1922 in einem eigenen Mietgesetz verankert wurde.[41]

Am 3. November 1918 kam es zum Sturz der Monarchie. Am 4. Mai 1919 konnten so in Wien erstmals allgemeine, gleiche, geheime und direkte Wahlen von Männern und Frauen über 21 Jahren stattfinden. Die Sozialdemokratische Arbeiterpartei (SDAP) konnte eine überwältigende Mehrheit an Stimmen für sich gewinnen (54,1%).[42] Das „Rote Wien" stand nach dem Ersten Weltkrieg großen Problemen gegenüber. Leere Haushaltskassen, eine hohe Arbeitslosigkeit, Nahrungsmittelengpässe, eine stagnierende Wirtschaft, schwere Gesundheitsprobleme der Wiener Bevölkerung und eine gravierende Wohnungsnot beherrschten die damalige Situation.[43]

Eine weitere Voraussetzung für die Durchsetzung des Wohnbauprogramms war die Erhebung der Gemeinde Wien zu einem selbstständigen Bundesland. Wien erlangte dadurch Steuerhoheit und konnte ab 1922 ihre sozialdemokratische Reformpolitik verwirklichen.[44] Die Grundlage für die Steuerreformen legte Finanzstadtrat Hugo Breitner.[45] Als Erstes schaffte er die Mietzinssteuer ab, die bis dahin alle Mieten mit dem identischen Steuersatz belastet hatte und führte eine neue Mietzinssteuer ein, die nur noch das Oberste Viertel der Mieten betraf.[46] Die neue Wohnbausteuer war nun einzig und alleine für ihren Zweck bestimmt, nämlich um Wohnungen zu errichten und dadurch auch neue Arbeitsplätze zu schaffen. Die Wohnbausteuer war eine Kombination aus Luxussteuer und einer direkten, aber stark progressiven Massensteuer.[47] Jeder Wohnungsbesitzer musste Wohnbausteuer bezahlen, allerdings wurde dies nun derart gestaffelt, dass die teuersten 0,5% der Wohnungen fast die Hälfte der Steuereinnahmen einbrachten. Die Wohnbausteuer deckte insgesamt ca.

---

[41] Vgl. EIGNER, Peter; MATIS, Herbert; RESCH, Andreas: Sozialer Wohnbau in Wien. Eine historische Bestandsaufnahme, In: Jahrbuch des Vereins für die Geschichte der Stadt Wien 1999, Hg.: Verein für Geschichte der Stadt Wien, Wien 1999, S. 8f.
[42] Vgl. WEIHSMANN: Das Rote Wien, S. 23.
[43] Vgl. Homepage der Stadt Wien, http://www.wien.gv.at/kultur/chronik/gedenken2008/archiv/kommunalpolitik.html [27.04.2012]
[44] Vgl. BAUER, Lilli; BAUER, Werner T.: Da steht er, der „eingestürzte Bau", Presse und Polemik zur Errichtung des Karl-Marx-Hofes, Wien o.J., S. 2. auch Online unter: http://dasrotewien-waschsalon.at/in/files/der_eingestuerzte_bau_kl.pdf [27.04.2012]
[45] Vgl. Das Rote Wien, Breitner Hugo, http://www.dasrotewien.at/breitner-hugo.html [27.04.2012]
[46] Vgl. Ebd. http://www.dasrotewien.at/breitner-hugo.html [27.04.2012]
[47] Vgl. BAUER; BAUER: Da steht er, der „eingestürzte Bau, S. 2., http://dasrotewien-waschsalon.at/in/files/der_eingestuerzte_bau_kl.pdf [27.04.2012]

ein Drittel der Wohnbaukosten ab, der Rest stammte aus dem allgemeinen Budget. Klein- und Kleinstwohnungen wurden dadurch weniger belastet.[48]

Die progressive Besteuerung führte innerhalb kürzester Zeit dazu, dass die Grundstückspreise stark sanken, wodurch die Gemeinde Wien nun günstig Baugründe erwerben konnte. Zu Beginn des Jahres 1924 verfügte Wien über 2,6 Mio. Quadratmeter Baufläche, was sie zum größten Grundbesitzer der Stadt macht.[49]

Die sogenannten „Breitner-Steuern", oder „Luxussteuern" betraf vor allem die wohlhabende Bourgeoise. Eben diejenigen, die sich damals ein Auto, eigenes Hauspersonal und eigene Pferde leisten konnten und die sich in Nachtlokalen, Bars, Bordellen, Luxusrestaurants, bei Wetten wie Pferde- oder Hunderennen, aufhielten und Genussmittel verzehrten. Mit diesen Steuern konnte das „Rote Wien" seine sanitären, sozialen und kulturellen Einrichtungen weiter ausbauen.[50]

3.2. Das Wohnbauprogramm des Roten Wien bis 1934

Am 21. September 1923 wurde vom Wiener Gemeinderat das beschlossene Wohnbauprogramm abgesegnet[51], dass die gravierende Wohnungsnot lindern sollte und einkommensschwachen Bevölkerungsschichten ein leistbares und menschenwürdiges Wohnen sichern sollte.

Mit dem Startschuss des ersten Wohnbauprogrammes, sollten 25.000 Wohnungen bis 1928 errichtet werden. Dieses Soll hatte die „Rote Gemeinde" aber bereits 1926 erreicht und so wurde im Jahre 1927 ein zweites Wohnbauprogramm abgesegnet, das den Bau 30.000 weiterer Mietwohnungen vorsah.[52]

Die neuen kommunalen Wohnbauten sollten nicht nur ausreichend Wohnraum für die Wiener Bevölkerung schaffen, sondern vor allen Dingen den Wohnstandard gegenüber den damaligen „Bassenahäusern" heben. Was auch im „*Merkbüchlein für Mieter*" von 1928 zu lesen war. Demnach sollte beim Wohnbau nicht nur auf

---

[48] Vgl. Das Rote Wien, Breitner Hugo http://www.dasrotewien.at/breitner-hugo.html [27.04.2012]
[49] Vgl. BAUER; BAUER: Da steht er, der „eingestürzte Bau", S. 2., http://dasrotewien-waschsalon.at/in/files/der_eingestuerzte_bau_kl.pdf [27.04.2012]
[50] Vgl. Das Rote Wien, Breitner Hugo, http://www.dasrotewien.at/breitner-hugo.html [27.04.2012]
[51] Vgl. EIGNER; MATIS; RESCH: Sozialer Wohnbau in Wien, S. 10.
[52] Vgl. HAUTMANN; HAUTMANN: Die Gemeindebauten des Roten Wien 1919-1934, S. 137.

die Sicherung eines Obdaches geachtet werden, sondern vor allem an die körperliche und geistige Gesundheit der Bevölkerung und deren kulturellen Aufstieg.[53]

Bei den neuen Mietwohnungen wurde vor allem darauf achtgegeben, dass nach dem Prinzip „Licht, Luft und Sonne" gebaut wurde. Die damaligen „Bassenahäuser" waren finstere, stickige Wohnungen mit schlechter Belüftung und schmalen Lichthöfen. Die Bebauungsdichte lag oft bei 70 Prozent und mehr. Die neuen Gemeindebauten wurden mit großzügigen Höfen angelegt und einer maximalen Bebauungsdichte von 50 Prozent in dicht bebauten Gebieten. Weiters gab es maximal vier Wohneinheiten pro Stockwerk, die von einem Treppenhaus erschlossen wurden. Die Wohnungen bestanden aus mindestens zwei bewohnbaren Räumen, meist aus einer Wohnküche und einem zusätzlichen Zimmer. Jeder Wohnraum, auch die Wohnküche musste direkt belichtet sein. Die Küchen wurden durchwegs mit Gasherd und fließendem Wasser ausgestattet, was einer enormen Hebung des Wohnstandards entsprach, musste man doch bis dato das Wasser meist von der Bassena am Flur holen. Für die meisten Mietwohnungen wurde auch ein kleines Vorzimmer geschaffen, von wo aus man auch die Toilette erreichen konnte, was ebenfalls einer ungeheuren hygienischen Aufwertung entsprach, da in den „Bassenahäusern" meist nur ein Abort pro Geschoss zur Verfügung stand.[54]

Die Wohnungen des ersten Wohnbauprogrammes waren aus heutiger Sicht klein und bescheiden (siehe Abb. 2 im Anhang). Etwa drei Viertel der Wohnungen bestand aus einem Zimmer und einer kleinen Wohnküche. Die Gesamtfläche der Wohnung ergab ca. 38m². Der Rest der Gemeindewohnungen verfügte über ein zusätzliches Kabinett, was etwa einem halben Zimmer entsprach.[55] Erst im zweiten Wohnbauprogramm von 1927 wurden auch größere Wohnungen mit rund 57m² erschaffen. Sie bestanden meist aus einer Wohnküche, einem zweiten Zimmer und einem zusätzlichen Kabinett.[56]

Die bekanntesten Gemeindebauten des „Roten Wiens" sind die „Superblocks". In diesen Wohnanlagen fanden sich für die damalige Zeit die typischen Kleinwohnungen, die durchwegs einen hohen Standard aufwiesen.

---

[53] Vgl. BAUER; BAUER.: Von Bettgehern und Untermietern, auch Online unter: http://www.quer-magazin.at/home/02-2011/38 [27.04.2012]
[54] Vgl. EIGNER; MATIS; RESCH: Sozialer Wohnbau in Wien, S. 11f.
[55] Vgl. Ebd., S. 12.
[56] Vgl. Ebd., S. 13.

Die „Superblocks" waren große Hausanlagen mit oft mehr als 1.000 Wohneinheiten, die ein weitgehend autarkes Zusammenwohnen zuließen. Sie verfügten über ein breites Feld an gemeinschaftlichen Einrichtungen, wie Waschküchen, Badeanstalten, Bibliotheken, Kindergärten, Vereinslokale, Mutterberatungszellen, Zahnärzte, Tuberkulosefürsorgestellen und eigene Geschäftslokale. Zudem gab es großzügig angelegte Grünanlage und Spielmöglichkeiten für die Kinder. So boten die „Superblocks" für die Mieter einerseits ein autarkes System, dass das Gemeinschaftsgefühl unter den Mietern stärkte und andererseits boten die Wohnungen genügend Rückzugsmöglichkeiten und Privatsphäre.[57]

Der wohl populärste „Superblock" ist der von Architekt Karl Ehn errichtete Karl-Marx-Hof, der im Herbst 1930 offiziell von Bürgermeister Karl Seitz mit den Worten: *„Wenn wir einst nicht mehr sind, werden diese Steine für uns sprechen"*, eröffnet wurde. Mit 1.382 Wohnungen für rund 5.000 Personen war der Karl-Marx-Hof einer der größten Gemeindebauten der Ersten Republik.[58] Der Karl-Marx-Hof wurde nur zu 18 % verbaut, der Rest entfiel großzügig auf Verkehrsflächen, Kinderspielwiesen und Grünflächen.[59]

Bis zum Ende des Jahres 1934 konnten über 60.000 neue kommunale Wohnungen für die Wiener Bevölkerung gebaut werden, wie die folgende Tabelle 2 zeigt. Der Höhepunkt des sozialistischen Wohnbauprogramms wurde 1926 mit der Errichtung von über 9.000 Mietwohnungen erreicht.

---

[57] Vgl. EIGNER; MATIS; RESCH: Sozialer Wohnbau in Wien, S. 12.
[58] Vgl. Das Rote Wien, Karl-Marx-Hof, http://www.dasrotewien.at/karl-marx-hof.html [27.04.2012]
[59] Vgl. BAUER; BAUER: Von Bettgehern und Untermietern, auch Online unter: http://www.quer-magazin.at/home/02-2011/38 [27.04.2012]

Tab. 2: Fertiggestellte kommunale Wohnungen in Wien von 1920 bis 1934

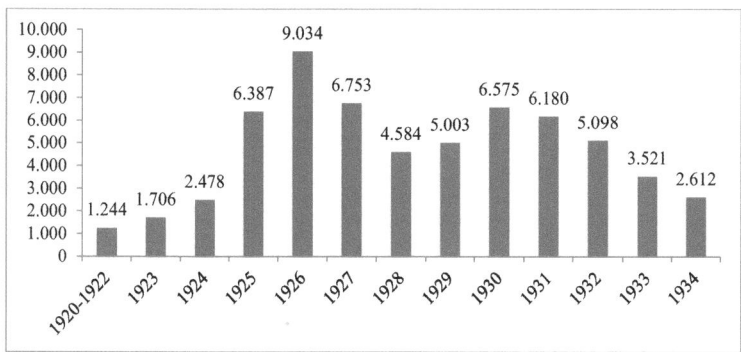

Quelle: Vgl. CZEIKE, Felix: Wirtschafts- und Sozialpolitik der Gemeinde Wien in der Ersten Republik 1919-1934, Wien 1980, S. 10

3.3. Die Entwicklung der Tuberkulosemortalität in Wien von 1919-1934

Die unten abgebildete Tabelle soll einen Überblick über die Tuberkulosesterblichkeit in der Hauptstadt Wien während der Zeit der Ersten Republik geben.

Tab. 3: Tuberkulosesterblichkeit in Wien in der Zeit der Ersten Republik

Jahr	auf 10.000 Lebende entfallene TBC-Tote	Jahr	auf 10.000 Lebende entfallene TBC-Tote
1918	51,7	1927	20,5
1919	50,4	1928	18,9
1920	36,2	1929	18,0
1921	25,9	1930	15,9
1922	29,8	1931	15,8
1923	24,8	1932	14,0
1924	22,5	1933	13,4
1925	19,6	1934	12,1
1926	20,5		

Quelle: Vgl. DIETRICH-DAUM, Elisabeth: Die „Wiener Krankheit", Eine Sozialgeschichte der Tuberkulose in Österreich, Wien 2007, S. 266f.

Wie die Statistik zeigt, ging die Tuberkulosesterblichkeit nach dem Ersten Weltkrieg sehr rasch zurück, was erstaunlich ist, denn es kam weiterhin zu Nahrungsmittelengpässen, die Wohnungsnot konnte man nicht sofort lindern und die Arbeitslosigkeit und Inflation waren sehr hoch. Dennoch erfuhr die Tuberkulosesterblichkeit ab 1918 den stärksten und effektivsten Rückgang.[60] Der Grund hierfür ist wahrscheinlich jener, dass die Tuberkulosekranken während des

---

[60] Vgl. DIETRICH-DAUM: Die Wiener Krankheit, S. 264.

Ersten Weltkrieges durch die Ernährungskrise wesentlich schneller ihren Tod fanden. Somit fehlen diese Personen in der Statistik der ersten Nachkriegsjahre.[61]

Von der „Übersterblichkeit" der Kranken während des Ersten Weltkrieges abgesehen, sank die Zahl der Sterbefälle an Tuberkulose in den Folgejahren stetig, vor allem in den ärmeren Bezirken Wiens. Ein Grund hierfür sind die Bemühungen des „Roten Wiens" in der Gesundheits-, Sozial- und in der Wohnungspolitik.[62]

Aufgrund der hohen Wohndichte war es keine Seltenheit, dass ein Tuberkulöser bis zu seinem Tode noch mit mehreren Menschen auf engstem Raum zusammenlebte, aber wie die folgende Tabelle 4 zeigt, konnte vor allem die Wohndichte durch die rege kommunale Wohnbautätigkeit gesenkt werden. Im Jahr 1926 lebten noch 38% von Tuberkulösen Patienten in überfüllten Einraumwohnungen. In Zweiraumwohnungen waren es sogar 47% und in Dreiraumwohnungen war diese Prozentzahl 1926 am niedrigsten mit 36%. Das fatale an den überfüllten Wohnungen war, dass sich gesunde Menschen, oft auch Kinder, mit Tuberkulösen ein Bett teilten und so um eine Ansteckung fast nicht umhin kamen.

Die Zahl der überfüllten Behausungen mit Tuberkulosepatienten besserte sich bereits im Jahre 1930. In Einraumwohnungen blieb die Zahl mit 36% Überbelegung noch relativ konstant gegenüber dem Jahr 1926, aber die Situation in Zweiraumwohnungen konnte auf 38% gesenkt werden und in Dreiraumwohnungen sogar auf 27%. Am Ende der Ersten Republik fielen die Zahlen der Überbelegung in Einraumwohnungen auf sehr gute 22%, in Zweiraumwohnungen auf 38%, und Dreiraumwohnungen waren nur noch zu 25% überbelegt.

Tab. 4: Wohndichte in Wien

Jahr	Zahl der erstmals an Tuberkulose erkrankten	Davon lebten die Tuberkulösen in einer:					
		Einraumwohnung		Zweiraumwohnung		Dreiraumwohnung	
		Normal	Überfüllt	Normal	Überfüllt	Normal	Überfüllt
1926	1.981	62 %	38 %	53 %	47 %	64 %	36 %
1930	2.113	64 %	36 %	62 %	38 %	73 %	27 %
1934	1.845	78 %	22 %	68 %	32 %	75 %	25 %

Quelle: Vgl. GÖTZL, Alfred: Die Tuberkulose in Wien und ihre Bekämpfung im Jahre 1930, In: Blätter für das Wohlfahrtswesen 30, Wien 1931, S. 222., sowie
Vgl. GÖTZL, Alfred: Die Tuberkulose in Wien und ihre Bekämpfung im Jahre 1934, In: Mitteilungen des Volksgesundheitsamtes, Nr. 5, Wien 1935, S. 44.

---

[61] Vgl. DIETRICH-DAUM: Die Wiener Krankheit, S. 266.
[62] Vgl. Ebd., S. 152.

Andere Gründe für die sinkenden Tuberkulosezahlen waren auch eine zunehmende Arztdichte und die Fortschritte in der medizinischen Diagnostik. Patienten konnten nun eindeutig in Tuberkulöse oder Nicht-Tuberkulöse eingeteilt und behandelt werden. Weiters war die Bevölkerung mit dem Tuberkuloseerreger fast vollständig „durchseucht", aber es wird angenommen, dass sich der Tuberkuloseerreger mit der Zeit etwas abschwächte, was dazu führte, dass die Krankheit nicht so häufig ausbrach bzw. die Lebensdauer der Tuberkulösen verlängerte. Zudem besserte sich auch die Lebensmittelhygiene durch pasteurisierte Milch, was das Risiko an einer Ansteckung mit einem perlsüchtigen Rind verringerte.[63]

4. Resümee Gesundes Wohnen = gesunder Mensch?

Nachdem Robert Koch die Ansteckung mit Tuberkulose durch Schmier- und Tröpfcheninfektion nachweisen konnte, schenkte man den sozialen Faktoren, wie Nahrung, Wohnung, Arbeit und Hygiene mehr Beachtung.

Die Häufigkeit der Tuberkulosemorbidität und -mortalität spiegelte auch immer die soziale Lage wieder. Die Todesfälle an der Krankheit mehrten sich in Jahren der Entbehrungen und des sinkenden Lebensstandards, wie beispielsweise in der Zeit des Ersten Weltkriegs und besserten sich im Gegenzug bei positiveren Lebensumständen. Aber nicht nur die Sterbefälle gingen zurück, auch die Lebenszeit der Tuberkulösen verlängerte sich.

Die Politik des „Roten Wiens" basierte auf drei Säulen: dem Ausbau des Fürsorgenetzwerks, der Errichtung von Lungensanatorien, sowie dem kommunalen Wohnbauprogramm. Letzteres verbesserte die Lebensqualität der Unterschicht signifikant. Das berüchtigte dunkle, schlecht belüftete und unhygienische „Bassenahaus" wich modernen, hellen und gut ausgestatteten kommunalen Wohnhäusern und „Superblocks", den sogenannten „Volkspalästen".

In der Zwischenkriegszeit konnten die Sozialdemokraten so über 60.000 Gemeindewohnungen errichten. Dies und auch das abgesegnete Mieterschutzgesetz stabilisierten die Wohnungsnot und schützten die Mieter vor Obdachlosigkeit und Willkür durch den Hausherrn. Die Wohndichte verbesserte sich zusehends. Die Arbeiterfamilien waren nun nicht mehr so häufig gezwungen Untermieter, Schlafburschen und BettgeherInnen aufzunehmen um ihre Mietkosten zu bestreiten, dadurch sank

---

[63] Vgl. DIETRICH-DAUM: Die Wiener Krankheit, S. 269.

auch das Ansteckungsrisiko an der Lungenkrankheit. Zudem waren die Wohnungen hygienisch mit einer eigenen Toilette, fließendem Wasser und hellen, gut belüftbaren Räumen ausgestattet. Der Bebauungsgrad der Wohnhäuser war meist gering und so konnten großzügige Grünanlagen entstehen. Die oberste Maxime war nach den Gesetzen „Licht, Luft und Sonne" zu bauen.

Durch die Wohnbauoffensive änderte sich auch das Sterberisiko an Tuberkulose zwischen den armen und reichen Bezirken in Wien. Kurz vor 1900 war die Sterblichkeit in den mittellosen Bezirken der Unterschicht drei Mal höher als im reichen I. Bezirk.[64] Dieser hohe Unterschied reduzierte sich in der Zeit der Ersten Republik erheblich. Dennoch blieb Tuberkulose vermehrt eine Armuts- und Arbeiterkrankheit.

Als Abschluss bleibt zu sagen, dass die kommunale Wohnbaupolitik sicherlich zu einer Besserung der Tuberkulosemortalität und –morbidität, vor allem in der Unterschicht der Arbeiterklasse, geführt hat. Das Wiener Sozial- und Gesundheitssystem während der Ersten Republik war äußerst fortschrittlich und international angesehen. Prozentual kann man aber keine genauen Angaben dazu machen, inwieweit die Tuberkulosefälle durch den Einsatz des „Roten Wiens" in der Gemeindebaupolitik zurückgegangen sind. Die Gesundheits-, Fürsorge- und Sozialpolitik griff ineinander und die unterschiedlichen Faktoren, die dazu führten, dass sich die Tuberkulosemortalität und –morbidität verbessert hatte, können nicht gesondert betrachtete werden.

---

[64] Vgl. DIETRICH-DAUM,: Die Wiener Krankheit, S. 146.

Tabellenverzeichnis

Tab 1: Sterblichkeit an Schwindsucht bzw. Tuberkulose in Wien
zwischen 1870 bis 1919 auf 10.000 Personen der Bevölkerung S. 8

Tab. 2: Fertiggestellte kommunale Wohnungen in Wien
von 1920 bis 1934 S. 15

Tab. 3: Tuberkulosesterblichkeit in Wien in der Zeit
der Ersten Republik S. 15

Tab. 4: Wohndichte in Wien S. 16

Abbildungsverzeichnis

Abb. 1. Typischer Grundriss eines „Bassenahauses"

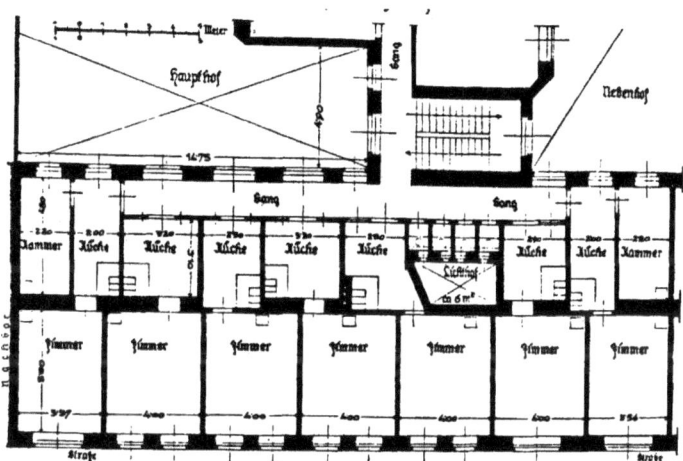

Quelle: Vgl. WEIHSMANN, Helmut: Das Rote Wien, Sozialdemokratische Architektur und Kommunalpolitik 1919-1934, 2. Auflage, Wien 2002, S. 2

Abb. 2 Typischer Grundriss eines Gemeindebaus von 1926 in der meist zwei Wohnungsgrößen vorkamen – 38m² und 48m²

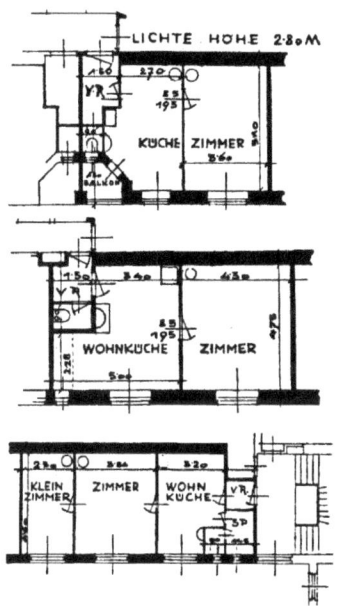

Quelle: Vgl. WEIHSMANN, Helmut: Das Rote Wien, Sozialdemokratische Architektur und Kommunalpolitik 1919-1934, 2. Auflage, Wien 2002, S. 39

Literaturverzeichnis

BAUER, Lilli; BAUER, Werner T.: Da steht er, der „eingestürzte Bau", Presse und Polemik zur Errichtung des Karl-Marx-Hofes, Wien o.J., S. 2 auch Online unter: http://dasrotewien-waschsalon.at/in/files/der_eingestuerzte_bau_kl.pdf [27.04.2012]

BAUER, Lilli; BAUER, Werner T.: Von Bettgehern und Untermietern, In: QUER-Magazin, Nr.1-2011, Wien 2011, auch Online unter: http://www.quer-magazin.at/home/02-2011/38 [27.04.2012]

DIETRICH-DAUM, Elisabeth: Die „Wiener Krankheit", Eine Sozialgeschichte der Tuberkulose in Österreich, Wien 2007

CZEIKE, Felix: Wirtschafts- und Sozialpolitik der Gemeinde Wien in der Ersten Republik 1919-1934, Wien 1980

EIGNER, Peter; MATIS, Herbert; RESCH, Andreas: Sozialer Wohnbau in Wien, Eine historische Bestandsaufnahme, In: Jahrbuch des Vereins für die Geschichte der Stadt Wien, Hg.: Verein für Geschichte der Stadt Wien, Wien 1999, S. 49-100.

GÖTZL, Alfred: Die Tuberkulose in Wien und ihre Bekämpfung im Jahre 1930, In: Blätter für das Wohlfahrtswesen 30, Wien 1931

GÖTZL, Alfred: Die Tuberkulose in Wien und ihre Bekämpfung im Jahre 1934, In: Mitteilungen des Volksgesundheitsamtes, Nr. 5, Wien 1935

HAUTMANN, Hans; HAUTMANN Rudolf: Die Gemeindebauten des Roten Wien 1919-1934, Wien 1980

HÖSL, Wolfgang; PIRHOFER, Gottfried: Wohnen in Wien 1848-1938, Studien zur Konstitution des Massenwohnens, Wien 1988

JOHN, Michael: Hausherrenmacht und Mieterelend. Wohnverhältnisse und Wohnerfahrung der Unterschichten Wiens 1890-1923, In: Österreichische Texte zur Gesellschaftskritik Nr. 14, Wien 1982

KOELSCH, Franz: Tuberkulose und Beruf, In: Handwörterbuch der sozialen Hygiene, Band 2, Leipzig 1912, S. 650-655.

LEDOCHOWSKI, Maximilian: Klinische Ernährungsmedizin, Wien 2010

SPEISER, Wolfgang: Paul Speiser und das Rote Wien, Wien/München 1979

TELEKY, Ludwig: Tuberkulose und soziale Verhältnisse, In: Das österreichische Sanitätswesen Nr. 30, Wien 1918, S. 63-81.

WEIHSMANN, Helmut: Das Rote Wien. Sozialdemokratische Architektur und Kommunalpolitik 1919-1934, 2. Auflage, Wien 2002

Internetquellen

Ausstellung in Wien zum Thema: http://dasrotewien-waschsalon.at/in/ [27.04.2012]

Homepage der Stadt Wien:
www.wien.gv.at/wohnen/wienerwohnen/geschichte.html [27.04.2012]

Wasserwerk: http://www.wasserwerk.at/home/alles-ueber-wasser/glossar/B [27.04.2012]

Weblexikon der Wiener Sozialdemokraten: www.dasrotewien.at [27.04.2012]